Andreas Herteux

De eerste stichtingen van het gedragskapitalisme

Een inventaris van een nieuwe variëteit van het kapitalisme

Uitgever:
Erich von Werner Gesellschaft
Erich von Werner Verlag

ISBN 978-3-948621-03-2

content

Inleidende Opmerkingen

De wereld verandert in een razend tempo. Dit is op geen enkel moment duidelijker te zien dan in de technologische vooruitgang, die het sociale, politieke, economische en individuele leven ernstig heeft veranderd en vaak fundamenteel heeft veranderd. Maar deze ontwikkeling is veel meer dan een kleine uitbreiding van het bestaande wezen. Het verandert dit fundamenteel en toch lijkt er niet genoeg beschrijving te zijn voor dit proces en het commerciële gebruik ervan. Zijn er maar weinig internetbedrijven die volledig nieuwe aanbiedingen hebben? Of moet alles op grotere schaal worden geïnterpreteerd? Waar leidt het naartoe? Wat gebeurt er met de gegevens en hoe worden ze gebruikt? Hoe wordt winst gegenereerd met ons gedrag? Is er een mogelijkheid tot manipulatie hier? Kritische vragen bestaan dus wel degelijk, maar ze blijven versnipperd.

Kortom, er lijkt een gevoel te zijn ontstaan dat er veel meer op het spel staat dan nieuwe bedrijfsmodellen en toch is er tot nu toe geen sprake van een vorm van articulatie, geen beschrijvende structuur die duidelijk stelt dat we niet meer over de bedrijfsvoering van individuele bedrijven kunnen spreken, maar dat we al over een nieuwe variëteit aan kapitalisme moeten praten: Gedrag van het kapitalisme. Dit kapitalisme is met een adembenemende snelheid gestegen en is een integraal onderdeel geworden van het leven van veel mensen, omdat het nauw verbonden is met de technologische ontwikkeling. Het biedt kansen, maar ook risico's, omdat zijn macht, in tegenstelling tot het financiële kapitalisme, dat ook in de schaduw is komen te staan, zich uitstrekt tot de intimiteit van het individu en zich steeds meer verschanst. Daarom is het van centraal belang om hem uit het nabije en vage licht te halen, hem duidelijk te benoemen en te bespreken. Tot nu toe is dit niet mogelijk geweest, behalve voor individuele stukken.

Het model van gedragskapitalisme probeert deze leemte op te vullen en creëert zo voor het eerst een orde die een nieuwe variëteit aan kapitalisme tastbaar en begrijpelijk maakt. Tegelijkertijd schept dit een basis voor een argumentatie die geschikt is om de kringen van deskundigen en geleerden te verlaten en deze algemeen en begrijpelijk te verspreiden, omdat de discussie over gedragskapitalisme niet alleen in kleine kringen, bepaalde milieus of in het feuilleton kan worden gevoerd, maar een centraal thema van het grote publiek moet worden.

Met dit project staan we nog maar aan het begin. Maar als we niet beginnen, zal het gedragskapitalisme, analoog aan het financiële kapitalisme, in de schaduw werken en misschien een potentieel ontvouwen dat meer kan worden gebruikt voor macht en overheersing dan voor het welzijn van de mensheid. In het licht en met behulp van publieke observatie lijkt het gemakkelijker om de stromende rivier in de juiste richting te sturen dan kinderlijk en naïef te hopen dat dit in zijn eentje zal gebeuren. Maar we staan nog steeds aan de denkbeeldige startlijn met deze gedachte.

Daarom behandelt dit artikel voornamelijk de vorige publicaties over het onderwerp gedragskapitalisme. Deze zullen daarom worden afgedrukt zoals ze zijn gepubliceerd. Redundantie is dus gegeven, maar creëert ongetwijfeld ook geheugenwaarden.

Deze publicaties hebben aanleiding gegeven tot eerste discussies en vragen, die in een apart hoofdstuk worden behandeld.

Het is dus een documentatie van een vroege fase die kan dienen als een gedrukt naslagwerk, maar die geenszins pretendeert het voorwerp van het onderzoek definitief en definitief te presenteren.

Ook moet worden opgemerkt dat het gedragskapitalisme een centraal thema van de 21e eeuw zal zijn, maar slechts een deel ervan blijft. Een belangrijke, maar niet los te zien van elementen als de omgevingsstrijd, de irritante samenleving, de verandering van tijden en collectief individualisme voor een samenhangend beeld van heden en toekomst. Alleen een totaalbeeld is de sleutel tot een globaal begrip en dus tot een allesomvattende oplossing. Gedragskapitalisme is dus een belangrijk verklarend patroon, maar wel een patroon dat een indeling in een grotere structuur vereist, die echter geen deel zal uitmaken van dit schrijven.

Dit in het achterhoofd te houden kan moeilijk zijn, vanwege de bisans en de dominantie van de inhoud van de afzonderlijke deelgebieden, aangezien elk van deze gebieden het onderwerp kan zijn van een heel leven als onderzoeker, maar het is absoluut noodzakelijk, omdat het anders tot een eenzijdige misverstanden kan komen. Dit moet worden vermeden door de bovengenoemde algemene visie.

Andreas Herteux

Gedragskapitalisme - een nieuwe variëteit van het kapitalisme wint aan kracht en invloed

- Menselijk gedrag is een bruikbare grondstof

- Deze grondstof heeft zich door de technologische vooruitgang ontwikkeld tot een productiefactor.

- Deze productiefactor heeft geleid tot nieuwe bedrijfsmodellen die nu een enorme impact hebben op het economische, politieke en sociale leven.

- Het is daarom noodzakelijk om te spreken van een nieuwe variant van het kapitalisme: het gedragskapitalisme.

- Deze nieuwe vorm van kapitalisme wordt nog niet als zodanig begrepen, wat het

gevaar met zich meebrengt dat er machtsen marktverhoudingen ontstaan die later nauwelijks of slechts met grote moeite kunnen worden gecorrigeerd.

De wereld beleeft een verandering van tijden en een tijdperk van verandering. Dynamisch, snel en op welk punt kan dit duidelijker worden herkend dan door de technologische vooruitgang, die krachtig en in een ongelooflijk tempo het persoonlijke en gemeenschapsleven verandert en bijna geen enkel gebied onberoerd laat, of het nu politiek, maatschappij of economie is. In het kader van dit proces is de invloed verschoven en zijn er nieuwe invloedssituaties ontstaan. Maar dat alles bijna onmerkbaar, bijna kruipend in de schaduw en aan het eind bijna allemaal raakvlakken. Technologie betekent meer dan ooit macht en deze bijzondere invloed door de slimme wereld, is vandaag de dag te vinden in de westerse wereld, die verbazend genoeg gebundeld is met een paar bedrijven, die er natuurlijk weinig belang bij hebben om de risico's van hun activiteiten te openlijk uit te leggen, omdat ze in de eerste plaats de mogelijkheden van hun acties zien en niet de gevaren. Wie zal het hen kwalijk nemen? Hoeveel mensen begrijpen hun bedrijfsmodel echt? Schenen ze niet uit het niets te komen, die miljardenbedrijven die nu onmisbaar zijn?

Deze nieuwe invloed van de grote technologiegroepen, die vaak pas enkele jaren bestaan, is verbazingwekkend en verbazingwekkend, evenals de ontwikkeling dat hun producten voor veel mensen en de maatschappij in een razend tempo een onmisbaar onderdeel van het dagelijks leven zijn geworden. Een stille verovering en toch zijn het veel meer dan alleen maar slimme bedrijfsmodellen die eenvoudig in het bestaande kunnen worden geïntegreerd. Deze bedrijven zijn slechts spelers op een speelveld dat hun bestaan en groei in de eerste plaats mogelijk heeft gemaakt. Wat tot nu toe te vaak is onderschat en over het hoofd gezien, is het gedragskapitalisme.

Met deze term werd het kind zelf afgeleid en ge-doopt door de auteur van deze regels, krijgt het gevoel voor de verschuiving van machtsverhoudingen een ge-ordend, gefundeerd kader en wordt het begrijpelijk. De accumulatie van macht kan zich niet langer ver-schuilen achter de mechanismen van het nieuwe, maar is duidelijk zichtbaar in het licht. Een noodzaak, omdat een ongebreideld en ongebreideld gedragskapi-talisme nog gevaarlijker is dan een boos financieel ka-pitalisme, omdat het niet alleen kapitaal, maar de mens als geheel nodig heeft om te oogsten. Altijd, elke dag. Ja, het fenomeen was voelbaar. Nu vindt het zijn ana-lyse en orde. Gedrag van het kapitalisme moet daarom worden geïdentificeerd en geïnterpreteerd om er zelfverzekerd en positief mee om te kunnen gaan. Het wilde paard heeft dressuur nodig, anders gaat het aan het eind door.

In geïsoleerde gevallen, en dit moet worden opge-merkt, zijn er al verdere pogingen om het nieuwe tijdperk een verwoorde vorm te geven, waarvan met name Shoshana Zuboff's concept van toezicht kapitalisme genoemd moet worden, maar dit, en vergeef me dit woord, gaat niet ver genoeg om de overeenkomstige wereldwijde veranderingen voldoende te verklaren en concentreert zich ook sterk op mogelijke negatieve aspecten van een woedende ontwikkeling, die zowel een zegen als een vloek kan zijn, de waarheid ligt meestal in het midden.

Het model van gedragskapitalisme volgt daarom een andere, neutrale benadering en heeft weinig gemeen met het toezichtkapitalisme, behalve dat beiden hetzelfde fenomeen willen benaderen. Toch is het aan te bevelen om met deze voorbereiding te werken. Aangezien deze pagina's echter slechts bedoeld zijn om het gedragskapitalisme kort te beschrijven, kan een diepgaand onderzoek naar andere concepten slechts afzonderlijk plaatsvinden.

Laten we daarom beginnen met het eigenlijke onderwerp en onmiddellijk met een definitie:

De sleutel tot het begrijpen van deze nieuwe vorm van kapitalisme is om menselijk gedrag als een bruikbare bron te beschouwen. Daaruit kunnen enerzijds de behoeften van de mensen worden afgeleid, voor zover deze voldoende gewonnen kunnen worden, maar anderzijds ook prognoses voor toekomstige actie. Op basis van deze grondstof kunnen dus producten en diensten worden geproduceerd die beantwoorden aan de behoeften of het toekomstige gedrag. Het is ook mogelijk om de gegevens zelf op de markt te verhandelen. Hoe wordt gedrag gedefinieerd?

Dit alles klinkt misschien vreselijk abstract, maar bij nadere beschouwing is gedrag altijd als grondstof gebruikt, maar niet altijd. We willen het niet hebben over de verkoop van aflaat in de Middeleeuwen, maar over de verzekeringssector. Het is een uitstekend voorbeeld van hoe het gedrag van de klant, vaak in de persoon van de vertegenwoordiger, wordt onderzocht, vervolgens geëvalueerd door het bedrijf en uiteindelijk gebruikt om bestaande producten, zoals verzekeringen, te verbeteren en nieuwe diensten te creëren. Alleen op deze manier waren creatieve ontwikkelingen zoals het veiligstellen van de eigen dood denkbaar. Aangezien het immateriële goederen betreft, d.w.z. immateriële goederen, is het gedrag van belanghebbenden en klanten van uitzonderlijk belang.

In principe is het altijd een productiefactor geweest, althans op deze gebieden, en juist met dit idee kunnen we deze nieuwe vorm van kapitalisme benaderen, omdat de erkenning dat de behoeften en het gedrag van potentiële klanten een belangrijk onderdeel zijn van het effectief kunnen aanbieden en verkopen van producten en diensten niet origineel is en ook geen grondiger onderzoek vereist.

Maar nu zijn de voorwaarden veranderd, omdat de technologische ontwikkeling heeft geleid tot nieuwe bedrijfsmodellen die zo'n invloed hebben gekregen dat ze de vraag oproepen of ze al lang zijn uitgegroeid tot een onafhankelijke vorm van kapitalisme, het gedrags-kapitalisme. Dit brengt ons bij de centrale stelling van dit artikel, namelijk dat nieuwe mogelijkheden voor ge-dragsmatig skimmen de grondstof tot een productie-factor en dus tot een variant van het kapitalisme op zich hebben gemaakt.

> **De centrale productiefactor van gedragskapi-talisme is menselijk gedrag.**

Niet dat men niet altijd zoveel mogelijk wilde we-ten, maar alleen met de bovengenoemde technologi-sche ontwikkeling is het probleem van de moeilijke verwerving van gedragsgegevens binnen zeer korte tijd in het niets verdwenen. Het is dan ook niet verwonderlijk hoe snel grote technologiebedrijven als Amazon, Facebook of Google opkwamen en gegevens begonnen te verzamelen, zich volgens kapitalistische methoden te gedragen en mensen beetje bij beetje in te bedden. Algoritmes en automatisering maakten mogelijk wat de mens niet zou kunnen.

Zij waren de grote gedragskapitalisten. Nu analyseren ze de homo-stimulans en proberen ze op basis van hun gedrag informatie of gegevens te genereren of producten en diensten aan te bieden of te bemiddelen. Op maat van het individu. Het "gedrag" van de grondstof werd een productiefactor.

Deze nieuwe productiefactor is nu zo belangrijk dat hij ook onmisbaar is geworden voor het klassieke en financiële kapitalisme, aangezien kennis van het huidige gedrag, bestaande uit enorme hoeveelheden verkregen gegevens, het in veel gevallen mogelijk maakt om toekomstig gedrag te beoordelen of te beïnvloeden.

> **Tegenwoordig is gedrag ook een centrale productiefactor voor het klassieke en financiële kapitalisme en vormt het een aanvulling op arbeid, land en kapitaal.**

Dit gedrag wordt dan direct gebruikt als handelswaar of verwerkt tot tevreden en/of verwachte producten in een productieproces.

> **Een <u>tevredenstellend product heeft tot doel</u> te voldoen aan de menselijke behoeften.**
>
> **Een <u>prognoseproduct</u> voorspelt toekomstig menselijk gedrag.**
>
> **<u>Gedragsgegevens</u> kunnen ook zonder verdere verwerking worden verhandeld.**

Algoritmen en meer en meer kunstmatige intelligentie nemen deze taak over. Om het eenvoudiger te maken, vatten we dit gedecentraliseerde proces samen in de beschrijvende metafoor van de gedragsfabriek.

Tot zover de basisdefinities en de geschiedenis van de ontwikkeling. Hieronder wordt nader ingegaan op de functionaliteit en het waardecreatieproces van gedragskapitalisme.

De cyclus van het gedragskapitalisme

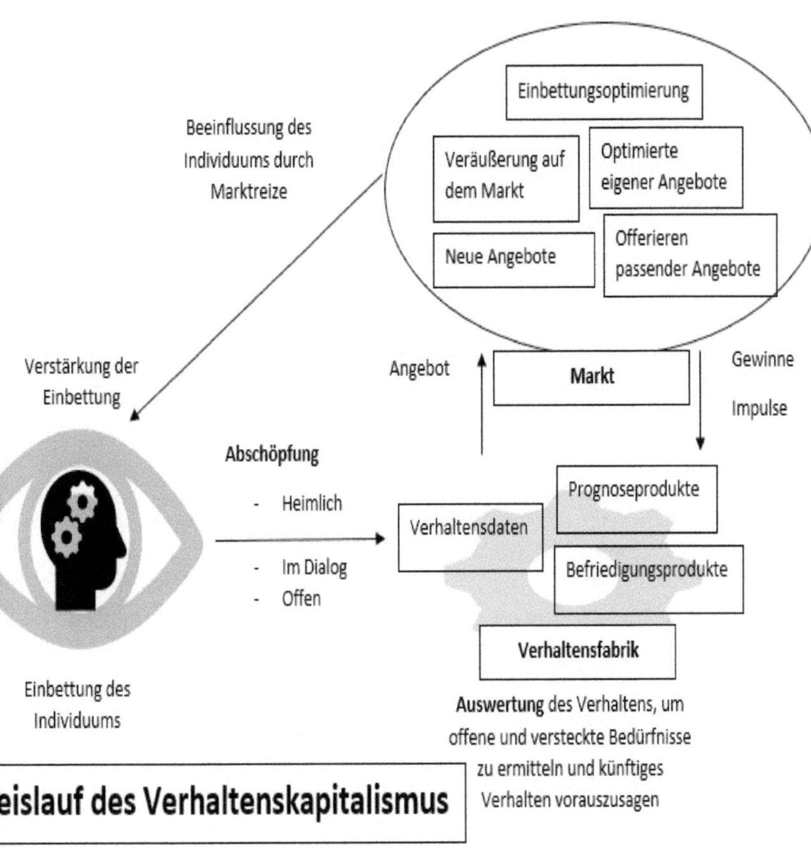

Absorptie van gedragsgegevens

Gedragskapitalisme is gebaseerd op het gedrag van grondstoffen en productiefactoren, dat ontstaat door de reactie van het individu op prikkels. Hij moet dit eerst winnen door het afromen. Dergelijke pogingen zijn er altijd al geweest, maar het was de technologische vooruitgang, gedreven door de verandering van tijden, die het mogelijk maakte om grote hoeveelheden automatisch te oogsten. Het skimmen kent drie varianten:

- **Open skimming**

  In dit geval is de persoon zich ervan bewust dat zijn of haar gegevens zullen worden gebruikt om bepaalde overeenkomstige voorspellings- en tevredenheidsproducten te produceren.

  Een typisch voorbeeld is de invoer in een zoekmachine. Zijn persoonlijke gedrag of interesse wordt openlijk gebruikt om hem het gewenste resultaat te presenteren. In slechts één minuut, bijvoorbeeld, is 2017 een wereldwijd evenement:

- 3,8 miljoen Google-zoekacties

- 47.000 Instagram Foto uploads van Instagram-foto's

- 4,1 miljoen Youtube video-klikken op Youtube

- 530.000 snapchat foto aandelen

- 456.000 Twitter-berichttransmissies

Deze cijfers tonen op indrukwekkende wijze aan dat veel gedragsgegevens in veel gevallen vrijwillig worden doorgegeven, omdat dit een toegevoegde waarde voor de gebruiker creëert.

- **Dialoog met skimming**

In de dialogical skimming off gaan het individu en een machine (algoritme, AI) een dialoogproces aan dat niet alleen dient om behoeften te identificeren, maar ook om toekomstig gedrag in te schatten. Daarbij reageren beide partijen op prikkels en is het nu mogelijk om behoeften bekend te maken waar de gebruiker zich misschien niet bewust van was. De interactie kan open of verborgen zijn. Belangrijk is dat het proces verder gaat dan een actie.

- **Verborgen skimming**

  Bij verborgen afschuimen wordt het gedrag geoogst en verder verwerkt of doorverkocht zonder dat de gebruiker het weet. Een voorbeeld hiervan is wanneer profielgegevens van een individu in een sociaal netwerk worden gebruikt om commerciële producten en diensten te ontwikkelen voor gedragsmanipulatie of -controle. Het model zou hier het gebruik van

87 miljoen Facebook-gebruikersgegevens van
Cambridge Analytica voor de verkiezingscam-
pagne van Donald Trump in 2017 zijn.

De grenzen tussen de afzonderlijke varianten zijn natuurlijk vloeiend. Zo is de meerderheid van de gebruikers van zoekmachines zich er nu goed van bewust dat de resultaten vergezeld gaan van productadvertenties over dezelfde onderwerpen. Ook gebruikers van sociale media moeten zich ervan bewust zijn dat hun gegevens worden gebruikt voor de inbedding van hun gegevens. Een strikte scheiding van de soorten heffingen heeft dan ook weinig zin.

Transformatie in de gedragsfabriek

De verkregen datavolumes worden nu opgeslagen in de gedragsfabriek, een metafoor die een gecompliceerd en gedecentraliseerd verwerkingsproces meer plastisch weergeeft, en in delen tot producten verwerkt. Er worden zowel voorspelde producten als tevredenheidsproducten geproduceerd.

Prognoseproducten worden gebruikt om het toekomstige gedrag van een individu in te schatten. Een typisch voorbeeld is een gebruiker van een sociaal netwerk die geïnteresseerd is in wandelen, foto's presenteert en de deelname aan evenementen documenteert. Het algoritme kan deze gegevens nu lezen en aanvullen met andere informatie zoals leeftijd, woonplaats, merkneigingen, stijl, etc. Het algoritme kan ook de gegevens uit de gegevens lezen. Gekoppeld aan het lezen van de browsergeschiedenis, wat ook kan gebeuren als u niet meer ingelogd bent op het betreffende netwerk, wordt er een prognoseproduct gemaakt, met als resultaat dat bijvoorbeeld juist deze gebruiker in de zomer zeer waarschijnlijk weer op de betreffende ritten zal vertrekken. Het zou dan ook zinvol zijn om hem kort van tevoren te confronteren met passende diensten (bijv. reisaanbiedingen) of producten (bijv.

wandelschoenen). Het voorspellende product opent de deur voor een gerichte aanpak.

Tevredenheidsproducten daarentegen zijn specifiek gericht op het voldoen aan vastgestelde behoeften. Niet in de toekomst, maar in het heden. Het is interessant om op te merken dat een tevredenheidsproduct zowel kan verwijzen naar een behoefte waarvan de gebruiker zich bewust is als naar een behoefte waarover hij nog niet heeft nagedacht, maar die voortvloeit uit de analyse van het gedrag. Het zijn dus juist de tevredenheidsproducten, maar ook de prognoseproducten, die de functie hebben om de innerlijke behoeften van het individu aan het licht te brengen en zo een belangrijk element van zelfverwezenlijking kunnen zijn.

Handel op de markt

Zowel prognose- en tevredenheidsproducten als het gedrag zelf kunnen door de dataverzamelaar zelf worden gebruikt of verkocht. Dit levert enorme winsten op, die meestal opnieuw worden geïnvesteerd. Niet alleen in het vorige bedrijfsmodel, maar ook op andere gebieden die uitnodigen tot netwerken. Voor de markt ontstaan dus de volgende mogelijkheden:

- **Het aanbieden van passende aanbiedingen**

  De gegevens worden gebruikt om een passend aanbod te doen aan de individuele persoon. Dit kan bestaan uit eigen diensten en producten, maar deze zijn meestal gecombineerd met de advertentie voor derden. De kern van het businessmodel is hier vandaag de dag nog steeds te zien.

  In totaal wordt geschat dat 25% van de wereldwijde reclame-inkomsten nu wordt gegenereerd door Facebook en Google, twee van de beste voorbeelden van toegepast gedragskapitalisme. In 2016 was het nog steeds 20%. Neiging stijgt.

- **Nieuwe aanbiedingen**

  Het gedrag maakt het noodzakelijk om geheel nieuwe producten te ontwerpen om te voldoen aan de behoeften die op basis van deze producten zijn geïdentificeerd. Het idee om uit de marktobservatie de noodzakelijke innovaties en verdere ontwikkelingen af te leiden is even oud als de economische activiteit zelf, maar dankzij de nieuwe mogelijkheden om een grondstof die voorheen moeilijk te winnen was, af te voeren, heeft het een geheel nieuwe dimensie gekregen.

- **Optimalisatie van eigen aanbiedingen**

  Het eigen aanbod wordt verbeterd en aangepast door gedragsproducten en passende feedback. Dit geldt zowel voor de verzamelaars van de gegevens als voor hun klanten. Met name de leermachine vertrouwt op deze reacties om zijn functies voortdurend te verbeteren.

- **Verkoop op de markt**

  De datavolumes worden onbewerkt of al aan derden ter beschikking gesteld als verwerking van producten voor hun eigen bedrijfsactiviteiten.

- **inbedding optimalisatie**

  Het collectief individualisme kent de inbedding van de mens in de schepping van een individuele werkelijkheid. Gedragskapitalisme draagt hiertoe bij door een continue cyclus van gedragsmatig skimming.

Prozess der Einbettung

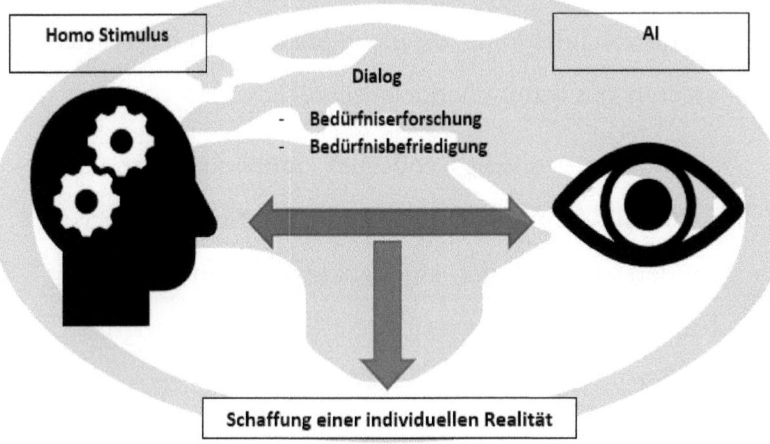

Stimuleren van het individu om te reageren

In het ideale geval reageert het individu op de aangeboden prikkels en creëert zo nieuw gedrag, dat op zijn beurt kan worden afgeroomd. Het resultaat is een cyclus van inbedding, die uiteindelijk kan leiden tot het creëren van een individuele werkelijkheid.

In een volledig collectief individualisme, dat natuurlijk een constante technische ontwikkeling veronderstelt, zou het afgeslankte deel nu beetje bij beetje in een geïndividualiseerde realiteit verzinken. Dit is echter nog steeds onvolledig vanwege de aanwezigheid van milieugevechten. Tegelijkertijd stapelen het grondstoffengedrag en het investeringskapitaal zich op, wat de mogelijkheden van de fabriek en het afromen verder verbetert. Een cyclus ontwikkelt zich. Het spel, aangedreven door de machine, begint bij het begin. Zo zorgt het enerzijds voor de inbedding van de mens, maar tegelijkertijd zorgt het er ook voor dat de sociale omgeving verder uit elkaar drijft.

Inventaris en vooruitzichten

Gedragskapitalisme is een variant van het kapitalisme die, net als het financiële kapitalisme, moeilijk te herkennen is in zijn effecten en daarom slechts een ondergeschikte rol speelt in de publieke perceptie en op de politieke agenda. Hij gebruikt dit slim om zich te verspreiden en te consolideren, wat in het kapitalisme vaak wordt gekenmerkt door de opkomst van monopolies of oligopolies. Dit wordt op indrukwekkende wijze aangetoond door de werkelijke situatie van de technologiegroepen en hun marktmacht.

Het gedrag van het kapitalisme is dus stevig verankerd, maar zonder dat het als zodanig wordt gezien. De modernste technologie maakt een nooit eerder geziene inbedding mogelijk die tot in de meest intieme delen van het individu kan doordringen. Een ontwikkeling die nader onderzoek vereist en niet in de schaduw mag blijven staan, want een ontketend gedragskapitalisme zou een nog sterkere kracht zijn dan het financiële kapitalisme ooit was. Hij zou een middel tot overheersing zijn.

De presentatie van deze ontwikkeling was bewust neutraal, omdat het zowel kansen als risico's met zich meebrengt. De inbedding van het individu in zijn eigen wereld, die zijn eigen vervulling van behoeften en zelfrealisatie dient, is in eerste instantie niet negatief, vooral omdat dit niet op een gesloten manier moet worden vormgegeven. Aan de andere kant is er natuurlijk een centrale wereld van wie uiteindelijk de stimuli en de gegevens beheerst en of het gedrag of zelfs de eigen werkelijkheid gemanipuleerd wordt. Dit moet nu, net als het model van het gedragskapitalisme, ter discussie worden gesteld.

Dit artikel is beschikbaar onder DOI 10.13140/RG.2.2.2.18058.62402 en is meerdere malen in dezelfde vorm en in het Duits en Engels

gepubliceerd en ter discussie vrijgegeven. In Duits-land bijvoorbeeld in het weekblad "Der Freitag":

https://www.freitag.de/autoren/aherteux/der-auf-stieg-des-verhaltenskapitalismus

Gedrag van het kapitalisme - Opstaan in de schaduw

ondervraging

Andreas Herteux, de oprichter van de Erich von Werner-vereniging over het functioneren en de toenemende invloed van het gedragskapitalisme, die hij onderzocht, analyseerde en identificeerde.

Meneer Herteux, u heeft een nieuw soort kapitalisme beschreven. Hoe zou je het in een paar woorden omschrijven?

Gedragskapitalisme is een variant van het kapitalisme, waarbij menselijk gedrag de centrale factor wordt voor de productie en levering van goederen en diensten.

Klinkt in eerste instantie erg abstract.

Dit is waar en het maakt het ook erg moeilijk om het gedragskapitalisme te herkennen. Eigenlijk is het niet zo moeilijk. Laten we denken aan een bakker en zijn broodjes. Het moet voor ons allemaal duidelijk zijn welke grondstoffen hij nodig heeft voor het productieproces. Voor onze broodjes, misschien bloem, water, gist en wat zout.

Laten we van de bakkerij naar het internet springen. De meesten van ons hebben al te maken gehad met gepersonaliseerde reclame. Zo zijn we bijvoorbeeld op zoek naar een vakantie in de bergen en worden we plotseling geconfronteerd met e-mails, banneradvertenties en sociale mediaverslagen over dit onderwerp. Deze gepersonaliseerde reclame kan ons echter alleen worden toegestuurd als ons gedrag, in dit geval de zoekopdracht, vooraf is geëvalueerd. Alle diensten, advertenties, vriendschapssuggesties - al deze broodjes werden uit één deeg gebakken: ons gedrag dat voorheen open, verborgen of afgeschuimd was in dialoog en vervolgens geëvalueerd, wat betekent dat deze grondstof in een metaforische fabriek werd omgezet in prognose- en tevredenstellingsproducten om zo uit de metaforische oven iets persoonlijks voor ons te halen.

Als je het bekijkt vanuit het oogpunt, is gedrag dan de bloem van internetbedrijven?

Juist, het menselijk gedrag is dus duidelijk een bruikbare grondstof en deze grondstof heeft zich door de technologische vooruitgang ontwikkeld tot een productiefactor, die heeft geleid tot volledig nieuwe bedrijfsmodellen, die ondertussen een enorme invloed hebben op het economische, politieke en sociale leven. Het zou fataal zijn om hier slechts over één bedrijfsmodel te spreken, omdat de kracht ervan veel te groot is om dat te doen. Het is eerder een nieuwe variant van het kapitalisme: het gedragskapitalisme.

Is het gebruik van menselijk gedrag echt een nieuw fenomeen?

Natuurlijk is menselijk gedrag altijd een essentiële factor en grondstof geweest. Nu al alleen voor de verkoop en marketing, maar ook als grondstof. Laten we hier eens denken aan de verzekeringsbranche, die al lang voor de moderne tijd het "gedrag" van klanten al had afgeschraapt en zo nieuwe producten en geoptimaliseerde oude producten had ontworpen. In deze sector is deze grondstof altijd al meer en meer een primaire basis voor het bedrijfsleven geweest. Trouwens, ook in de politiek of, als je dat historisch gezien leuk vindt, in de verkoop van aflaten. De technische vooruitgang heeft echter de mogelijkheid tot het afromen van gedrag vrijwel oneindig veel groter gemaakt en ze hebben niet langer een mens nodig voor evaluatie, maar, om het eenvoudig te zeggen, alleen de leermachine. Slechts twee nummers om dit te onderstrepen; Google alleen al had in 2017 ongeveer 3,8 miljoen zoekopdrachten en Youtube 4,1 miljoen video clicks. Per minuut. U kunt bij benadering berekenen hoeveel gedragsgegevens in één dag kunnen worden afgescheurd en voor het grootste deel kan zelfs een product of dienst direct worden geproduceerd en aangeboden, al is het maar het antwoord op een zoekopdracht.

Mijn verzekeringsagent kan alleen maar dromen van zulke hoeveelheden gegevens.

Verzekeringsmaatschappijen zijn vandaag de dag veel beter gepositioneerd, maar u ziet het verschil op de juiste plaats. Alleen een verandering in de tijd, waarvan de elementen ook de snelle en dynamische ontwikkeling van de technologie en de conditionering van de mens tot het gebruik ervan, die zou worden omschreven als een irritante samenleving, waarbij we niet willen afglijden naar de psychologie, hebben een grondstof tot een productiefactor gemaakt. Vandaag kunnen we dus spreken van gedragskapitalisme.

Is er een parallel voor een dergelijke ontwikkeling?

Ja, volgens een soortgelijk principe is het financieel kapitalisme het klassieke kapitalisme ontgroeid. Hoewel kapitaal altijd al een economische productiefactor is geweest, was het pas veel te laat om te beseffen dat het als zelfstandig element tot een nieuwe variëteit van het kapitalisme had geleid. Ook nu nog zijn er grote problemen bij het herkennen en correct interpreteren van de mechanismen ervan. Daarom kan hij een beetje onder de radar werken. Hier is er een parallel met het gedragskapitalisme.

Sohsana Zuboff waarschuwt ook voor de gevaren van een dergelijke ontwikkeling, hoewel ze niet de term "gedragskapitalisme" gebruikt die u hebt bedacht, maar spreekt van toezicht kapitalisme.

Ja en ik waardeer haar nauwgezette en kritische werk zeer, maar haar concept van toezicht kapitalisme heeft weinig gemeen met het model van gedragskapitalisme. Mevrouw Zuboff ziet haar toezichtkapitalisme, en het woord verraadt dit al, als iets fundamenteel negatiefs en kunstmatigs, dat een paar jaar geleden bij Google werd bedacht om bewust macht, rijkdom en invloed te verwerven.

Voor het gedragskapitalisme daarentegen is ontwikkeling een logisch gevolg van het kapitalisme en is er sprake van continuïteit. Het is geen degeneratie, zoals zij het noemt, maar het water stroomt gewoon door. Bedrijven als Google kwamen uit deze rivier tevoorschijn en niet ergens op de droge oever.

Desalniettemin werden u beiden geconfronteerd met de gevaren.

Het is echter waar dat het toezicht op het kapitalisme de ontwikkeling uitsluitend negatief beoordeelt. Hij wil waarschuwen, subjectief zijn en niet noodzakelijkerwijs een model tonen als een weergave van de werkelijkheid. Gedrag van het kapitalisme wil dat precies, weegt daarom kansen en risico's af en streeft naar een neutrale presentatie van algemene mechanismen. Natuurlijk ziet hij ook de mogelijkheden van manipulatie, maar ook de andere kant.

Denk maar aan ons voorbeeld van zoekopdrachten. U ontvangt ook een antwoord van Google & Co. en Youtube toont u de gewenste video. Gepersonaliseerde inhoud hoeft niet fundamenteel slecht te zijn, ook al is het verborgen, omdat het met inbedding misschien zelfs mogelijk is om behoeften te identificeren die mensen zonder de nieuwe technologie nooit zouden hebben ontdekt. Neem gewoon het voorbeeld van een vakantie in de bergen. Misschien werkt de leermachine voor u uit dat bergbeklimmen altijd uw passie is geweest? Zou dat slecht zijn als je zo'n innerlijke behoefte zou ontdekken?

Aan de andere kant is er natuurlijk ook de mogelijkheid van manipulatie. We moeten ons tegen hen verdedigen, maar we moeten onszelf niet misleiden, zo veel als we willen. Grotere delen van de bevolking, dus niet een paar milieus, zullen graag een deel van hun vrijheid inruilen voor een inbedding die hun behoeften bepaalt en aan hun behoeften voldoet. Misschien krijgen sommige homo's zelfs voor het eerst de mogelijkheid tot zelfontplooiing. Dat klinkt beangstigend voor sommige oren, maar het zal de realiteit zijn. Maar ontslag zou de verkeerde reactie zijn. De realiteit zou ons juist moeten aanmoedigen om iedereen duidelijk te maken dat ze niet hoeven te kiezen: inbedding of vrijheid, maar kan beide hebben. Maar er zijn zelfs geen tekenen van dit alles. Een zeer gevaarlijke situatie.

**Hoe moet men de gevaren van het gedragskapi-
talisme het hoofd bieden?**

Allereerst door ze te herkennen en in de juiste context
te plaatsen. Het gedrag van het kapitalisme zal, samen
met de stimulansmaatschappij, een tijdperk van collectief individualisme inluiden, waarin het individualise-
ringsproces echter zal worden belemmerd door de
strijd om het milieu. Fundamentele punten die wij bij
de Erich von Werner-vereniging diepgaand behande-
len, want ook hier is de oorzaak van de moeilijke sociale situatie te zien en niet in verouderde verklarende
modellen uit de vorige eeuw, zoals het verouderde
links-rechts-schema.

Dit en het feit dat we aan de vooravond staan van een
nieuw tijdperk dat het internationale machtsevenwicht
in de komende decennia radicaal zal veranderen, moet
worden gerealiseerd en geaccepteerd. Er beweegt iets.
Zelfs als we dit zouden erkennen, zouden we ideeën
nodig hebben en hier zijn we helaas zeer fantasieloos
of capituleren voor een complexe wereld en zoveel

onderlinge relaties, dus we hebben een allesomvattende oplossing nodig die al deze problemen kan oplossen. Met het model van alternatieve hegemonie (AH-model) hebben we zo'n model gepresenteerd dat het kapitalisme kan corrigeren en de grote uitdagingen van onze tijd aankan. Hiermee kunnen we het kapitalisme omvormen tot een waardemarkteconomie.

Verandering ten goede is dus mogelijk. Het enige wat nodig is, is moed.

Het interview werd in het Duits en Engels gepubliceerd in verschillende media. Het is bijvoorbeeld hier beschikbaar: https://www.dailypress.com/dp-ugc-article-behavioral-capitalism-andreas-herteux-on-th-2-2019-09-18-story.html

Gedrag van het kapitalisme en toezicht op het kapitalisme - een vergelijking van twee interpretaties van een ontwikkeling van het kapitalisme

- Gedragskapitalisme beschouwt de absorptie en het gebruik van gedragsgegevens als een logische kapitalistische verdere ontwikkeling in de historische continuïteit en dus als een onvermijdelijke ontwikkeling.

- Bewakingskapitalisme maakt een onderscheid tussen gedrag dat nodig is om bestaande diensten te optimaliseren en gegevens die niet nodig zijn voor deze diensten. Hij beschouwt het gebruik van "overmatig gedrag" als een expliciet door de mens gemaakte, niet-verplichte en ontaarde vorm van kapitalisme, waarvan het uiteindelijke doel de accumulatie van macht, rijkdom en invloed is.

- Gedrag is altijd een grondstof geweest voor gedragskapitalisme, dat door technische ontwikkeling een productiefactor is geworden.

- In het bewakingskapitalisme werd het zogenaamde "overtollige gedrag" ontdekt door Google en gratis uitgebuit door deze en andere bedrijven.

- Gedragskapitalisme ziet zowel de kansen als de risico's van deze ontwikkeling.

- Het toezicht op het kapitalisme wordt daarentegen uitsluitend negatief geïnterpreteerd.

- Gedragskapitalisme staat in een context waarin het niet losgekoppeld kan worden en kennis van deze verbanden is onontbeerlijk om er mee om te gaan en het te begrijpen.

- Bewakingskapitalisme is een geïsoleerde constructie, die uiteindelijk enkele jaren geleden is ontstaan, waarvan het auteurschap onder andere bij Google te vinden is en dus ook op deze manier kan worden bestreden.

Inleidende Opmerkingen

In zeer korte tijd heeft de technologische ontwikkeling nieuwe bedrijfsmodellen mogelijk gemaakt, machtsverhoudingen verlegd en uiteindelijk een nieuwe vorm van kapitalisme gecreëerd. Deze ontwikkeling wordt vaak kritisch bekeken, maar tot nu toe ontbreekt het in dit debat nog steeds aan een structuur en modellen waarmee een gerichte en ook eenvoudige indeling kan plaatsvinden als basis voor een brede discussie. Er zijn al eerste pogingen om deze vast te stellen en twee interpretaties van deze ontwikkeling zullen in het volgende worden behandeld.

Dit zijn het concept van het toezichtkapitalisme en het model van het gedragskapitalisme. Verschillende benaderingen moeten met elkaar worden vergeleken om aan te tonen dat we het niet hebben over de invoering van nieuwe bedrijfsmodellen, maar over een nieuwe vorm van kapitalisme die onze volledige aandacht vereist, aangezien het het risico met zich meebrengt dat het een ernstige invloed uitoefent op het sociale, maatschappelijke, politieke en economische leven dat zich uitstrekt tot in de meest intieme sfeer van het individu. Deze macht kan en mag zich niet in de schaduw verschuilen, maar moet deel uitmaken van een publieke discussie die sterk zou worden vergemakkelijkt door een gestructureerde presentatie van deze ontwikkeling van het kapitalisme.

De belangrijkste kenmerken van het toezichtkapitalisme werden gepresenteerd door Shoshana Zuboff in haar boek "The Age of Surveillance Capitalism".[1] Dit werk dient als primaire basis voor de discussie en de vergelijking tussen het concept van het toezichtkapitalisme en dat van het gedragskapitalisme. Wat de

---

[1] Zuboff, Shoshana, The Age of Surveillance Capitalism: De strijd voor de toekomst aan de nieuwe grens van de energieprofielenboeken; 31. De strijd voor de toekomst aan de nieuwe grens van de energieprofielen; 31. De strijd voor de toekomst aan de nieuwe grens van de energieprofielenboeken. 01.2019

methodologie betreft, moet ook worden opgemerkt dat de citaten en dus ook de paginanummers verwijzen naar de Duitse versie van het werk.[2] Dit wordt gerechtvaardigd door het feit dat het boek voor het eerst in het Duits is gepubliceerd en dat er een groot aantal aanvullende interviews of rapporten beschikbaar zijn.[3] Alle vergaderingen die in het Engels zijn gehouden, zijn echter op dezelfde wijze in de algemene beoordeling opgenomen als de niet-Engelse vergaderingen.

Aan de andere kant worden eigen onderzoeksresultaten gepresenteerd, waarvan de publicatie echter nog recenter van aard is en nog steeds de weg van vestiging en acceptatie moet gaan.

Het doel van dit schrijven is dan ook:

---

[2] Zuboff, Shoshana, The Age of Surveillance Capitalism. Campus Uitgeverij 4 oktober 2018; 4 oktober 2018; 4 oktober 2018

[3] Erkend wordt dat er kleine verschillen mogelijk zijn in de navertaling naar het Engels.

1) Twee fundamentele interpretaties van de ontwikkeling van het kapitalisme vergelijken

2) Bijdragen aan de beschrijving van dit nieuwe fenomeen en het een bemiddelende structuur geven.

3) Het creëren van een basis voor discussie over de kansen en risico's van kapitalistische ontwikkeling.

Het moet worden opgemerkt dat de auteur van dit artikel ook de auteur is van de verhandelingen over gedragskapitalisme.

1. Definities en oorsprong

Shosana Zuboff vat de moderne ontwikkeling in het kapitalisme samen onder de term "toezichtkapitalisme". Het biedt hiervoor een langere definitie, die stap voor stap moet worden bekeken en vergeleken met die van het gedragskapitalisme:

> *"Het kapitalisme is een nieuwe marktvorm die beweert dat de menselijke ervaring een vrije grondstof is voor haar verborgen commerciële activiteiten op het gebied van de winning, voorspelling en verkoop van grondstoffen.[4]*

In het bewakingskapitalisme speelt de mens uiteindelijk de rol van een veld dat door de technologiebedrijven wordt geoogst om geld te verdienen met de

---

[4] De definitie staat in de inleiding en heeft daarom geen apart paginanummer.

uiteindelijk gewonnen producten, maar ook om macht en invloed te verwerven.

Parallel hieraan wordt erop gewezen dat het toezicht op het kapitalisme kan worden omschreven als een nieuwe marktvorm door zijn invloed op het sociale, persoonlijke, sociale, politieke en economische leven.

Dit moet in contrast staan met de definitie van gedragskapitalisme, die enige overeenkomsten en nog veel meer verschillen vertoont:

> *"Gedrag van het kapitalisme is een variant van het kapitalisme, waarbij menselijk gedrag de centrale factor wordt in de productie en levering van goederen en diensten.*[5]

De definitie van gedragskapitalisme is ruimer omdat het zich alleen richt op de rangorde van "gedrag" als productiefactor. Maar het gedragskapitalisme

---

[5] Herteux, Andreas, Gedragskapitalisme - Een nieuwe variëteit van het kapitalisme wint aan kracht en invloed.

gaat er ook vanuit dat dit een nieuwe vorm van kapitalisme is. Beide modellen zijn het op dit punt dus eens. Een interessant verschil is echter dat het zich meer richt op menselijk gedrag dan op ervaring. Het gedrag wordt als volgt gedefinieerd:

> *"Gedrag wordt opgevat als handelen, zowel tolereren als niet handelen. De*
>
> *Processen kunnen bewust of onbewust zijn. Het wordt beïnvloed en geproduceerd door prikkels. De centrale productiefactor van het gedragskapitalisme is menselijk gedrag."[6]*

Of het nu gaat om een taalkundige waas die open moet blijven, in het grafische overzicht ("De ontdekking van het overschot aan gedrag"; pagina 121) in het boek van Zuboff, wordt de ervaring niet meer

---

[6] Herteux, Andreas, Gedragskapitalisme - Een nieuwe variëteit van het kapitalisme wint aan kracht en invloed.

vermeld. De termen kunnen hier synoniem worden begrepen.

In het gedragskapitalisme daarentegen wordt bewust over gedrag gesproken omdat het gebaseerd is op de theorie van de stimulussamenleving, die uitgaat van een ontwikkeling naar een homo stimulans.[7]

De oorsprong van het toezichtkapitalisme

De verschillen worden duidelijker als we kijken naar de bredere definitie van toezichtkapitalisme.

---

[7] Herteux Andreas, Die Reizgesellschaft - Op weg naar het tijdperk van het collectief individualisme;
"Een stimulussamenleving wordt over het algemeen begrepen als een vereniging van individuen die worden blootgesteld aan stimuli die een sterke frequentie beïnvloeden, die meestal kunstmatig worden gegenereerd, en die moeite hebben of niet in staat zijn om deze stimuli te weerstaan, of in sommige gevallen niet willen weerstaan. De homo stimulus, de stimulus man, komt tevoorschijn."

Zuboff[8] beschrijft dit als *"een vorm van kapitalisme dat zich in zijn soort afspeelt, gekenmerkt door een concentratie van rijkdom, kennis en macht die zijn weerga in de menselijke geschiedenis niet kent"*.

Het toezicht op het kapitalisme is echter niet alleen een anomalie, maar werd aan het begin van het recente verleden door een paar mensen bewust gecreëerd en werd gebruikt om haar eigen macht voortdurend te vergroten:

> *"Het toezicht op het kapitalisme begint met de ontdekking van het overschot aan gedrag [....] Bovenal[9] moeten we één ding in gedachten houden: Het kapitalisme van de bewaking werd uitgevonden door een*

---

[8] De definitie staat in de inleiding en heeft daarom geen apart paginanummer.

[9] Pagina 121

specifieke groep mensen, op een bepaald moment, op een bepaalde plaats en in een bepaalde tijd. Het is niet noodzakelijkerwijs het resultaat van digitale technologie of informatiekapitalisme. Hij is bewust geschapen [...]...[10]

"Google had zijn eerste successen in de online business behaald in het begin van de jaren 2000 en voorspelde vervolgens de click rates voor op maat gemaakte advertenties. Maar monitoring beperkt zich niet langer tot online reclame. De producten die door middel van bewaking worden gecreëerd, worden steeds lucratiever dan de traditionele producten en diensten. Bedrijven uit alle lagen van de bevolking strijden om onze

---

[10] Zuboff, pagina 108

gedragsgegevens, zodat ze kunnen voorspel-
len wat, wanneer en hoe we ons zullen gedra-
gen, voelen, willen en kopen".[11]

"Bewaking van het kapitalisme is een his-
torisch fenomeen, niet een technologisch on-
vermijdelijke factor. Het is uitgevonden rond
2001 door een bedrijf genaamd Google."[12]

Het is daarom alleen begrijpelijk als het toezichtkapitalisme uiteindelijk negatief wordt bekeken,
want het is de

---

[11] Interview met de Süddeutsche Zeitung van 07.11.2018;
https://www.sueddeutsche.de/digital/shoshana-
zuboff-ueberwachungskapitalismus-google-
facebook-1.4198835

[12] Interview met het weekblad "Der Freitag" van 02.04.2019;
https://www.freitag.de/autoren/the-
guardian/tyrannei-die-sich-von-menschen-
ernaehrt

"[....] parasitaire [...] stichting en kader van een bewakingseconomie [....] de oorsprong van een nieuwe instrumentele macht die zich boven de samenleving stelt en de marktdemocratie met verontrustende uitdagingen confronteert....] streeft naar een nieuwe collectieve orde op basis van totale zekerheid....] een onteigening van kritische mensenrechten die het best kan worden opgevat als een staatsgreep van bovenaf, de omverwerping van de soevereiniteit van het volk.". [13]

---

[13] De definitie staat in de inleiding en heeft daarom geen apart paginanummer.

De oorsprong van het gedragskapitalisme

In tegenstelling tot het toezichtkapitalisme ziet het gedragskapitalisme de ontwikkelingen in het kapitalisme niet als een door de mens gemaakt plan, maar als een logische en dwingende verdere ontwikkeling van het kapitalisme zelf.

Niet Google & Co. hebben een businessmodel ontwikkeld, maar de verandering van de tijd heeft[14] een nieuwe richting geopend voor het kapitalisme, dat alleen door de technologiebedrijven is overgenomen.

Het was dus niet nodig dat een bedrijf enige vorm van gedrag in de achterkamer ontdekte, maar gedrag is altijd al een grondstof geweest. Een goed voorbeeld hiervan is de verzekeringsbranche, die al lang voor het internettijdperk het gedrag van klanten heeft onderzocht, geëvalueerd en gebruikt om de huidige verzekeringsproducten te optimaliseren en nieuwe producten te genereren. In principe is het altijd een

---

[14] Herteux Andreas, Concept van Tijdverandering

productiefactor geweest, althans op deze gebieden, en juist met dit idee kunnen we deze nieuwe vorm van kapitalisme benaderen, omdat de erkenning dat de behoeften en het gedrag van potentiële klanten een belangrijk onderdeel zijn van het effectief kunnen aanbieden en verkopen van producten en diensten niet origineel is en ook geen grondiger onderzoek vereist.

Maar door nieuwe technologieën, de vestiging van de irritante samenleving en de mogelijkheden van het machinaal afromen, ontstond uit de snelle hoofdstroom van het kapitalisme, die zich na verloop van tijd ook tot een gevaarlijk waterlichaam ontwikkelde, een kleine zijstroom. Een evolutie die we al meegemaakt hebben met het financieel kapitalisme. Ook hier was het kapitaal van meet af aan een belangrijk middel, maar later brak het af en stichtte het een onafhankelijke variant van het kapitalisme. De vrucht was aan de boom gegroeid, maar het zaad viel op de grond en groeide daar in een verbazingwekkend tempo. Het is dan ook niet verwonderlijk hoe snel grote technologiebedrijven als Amazon, Facebook of Google opkwamen en gegevens begonnen te verzamelen zodra de mogelijkheden zich aandienden. Het was dus alleen maar logisch om gedrag te gebruiken volgens kapitalistische methoden en om mensen beetje bij beetje in te bedden. Algoritmes en automatisering maakten mogelijk wat mensen niet hadden kunnen doen en de grondstof en productiemiddelen werden de productiefactor van een nieuw kapitalisme: het gedragskapitalisme.

Entwicklung der Spielarten des Kapitalismus

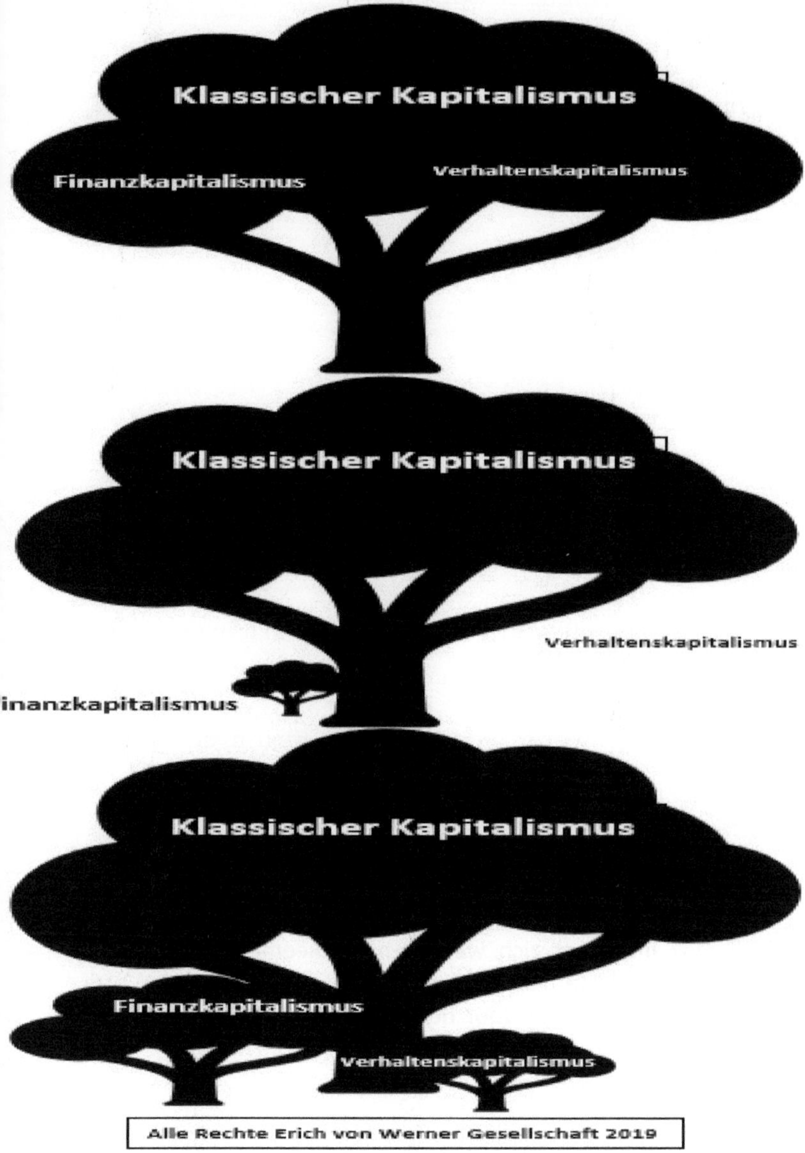

Klassischer Kapitalismus
Finanzkapitalismus
Verhaltenskapitalismus

Klassischer Kapitalismus
Verhaltenskapitalismus
inanzkapitalismus

Klassischer Kapitalismus
Finanzkapitalismus
Verhaltenskapitalismus

2. Hoe het werkt

Na de definitie en oorsprong te hebben overwogen, moeten de functionaliteiten van beide beschrijvingen nu worden vergeleken.

toezichtkapitalisme

Zuboff legt de werking van het toezichtkapitalisme als volgt uit:

> *"Bewakingskapitalisme claimt eenzijdige menselijke ervaring als grondstof voor de omzetting in gedragsgegevens [....]".*[15]

Op dit punt wordt ervan uitgegaan dat het toezicht-kapitalisme, dat uiteindelijk alleen het instrument is dat minder is, wordt gebruikt om ervaringen zonder menselijke aandacht af te schuiven.[16] Een zeer

---

[15] Zuboff, pagina 22

[16] Ook hier doet zich weer een probleem voor, door het gebruik van de vage term "menselijke ervaring". Wordt "ervaring" afgevlakt door het invoeren van een term in een

belangrijk punt, want in het idee van het toezicht op het kapitalisme is het individu slechts de koe in de stal, die voortdurend wordt gemolken en uiteindelijk, metaforisch met het verlies van vrijheid, wordt afgeslacht. Bezwaren, zoals dat de persoon die een zoekopdracht invult een lijst met resultaten terugkrijgt of dat een verborgen skimming ook kan dienen om behoeften te identificeren, worden niet geaccepteerd.

> *"Het is moeilijk om onze werkelijke positie in deze constellatie te bepalen. Eerst kregen we te horen hoe blij we konden zijn dat we gratis diensten konden krijgen. Toen we erachter kwamen dat de bedrijven gegevens over ons verzamelden, waren wij "het product". En ons werd verteld dat dit een eerlijke*

---

zoekmachine? Of alleen het gedrag, de input. Wanneer gegevens van een Facebook-profiel worden gebruikt om deze te evalueren, worden dan empirische waarden gebruikt? Nee, uiteindelijk gaat het alleen om het invoergedrag bij het maken en onderhouden van het profiel.

ruil was. Maar wij zijn niet het product, maar de bron, de vrij toegankelijke grondstof. Dit wordt op zijn beurt verwerkt tot producten die de belangen dienen van hen die baat hebben bij ons toekomstige gedrag.".[17]

"Ze verklaarden dat ze het recht hadden om onze privé-ervaring op te doen, deze om te zetten in gegevens om ze als privé-eigendom te bezitten. Google begon eenzijdig te beweren dat het World Wide Web van hem en zijn zoekmachine was. Ooit zochten we Google, nu zoekt Google ons. Vroeger dachten we dat digitale diensten vrij beschikbaar

---

[17] Interview met de Süddeutsche Zeitung van 07.11.2018; https://www.sueddeutsche.de/digital/shoshana-zuboff-ueberwachungskapitalismus-google-facebook-1.4198835

waren, maar nu denken de kapitalisten van de bewaking dat we vrij beschikbaar zijn.[18]

Het toezichtkapitalisme interpreteert de relatie tussen toezichtkapitalisten en gebruikers dus niet alleen als eenzijdig en parasitair, maar waarschuwt ook duidelijk voor een verdere verergering van dit gebrek aan evenwicht:

"Maar ook omdat zo'n parasitaire ontwikkeling de basis is geworden voor een lucratief kapitalisme van de 21e eeuw. Er is nu een ongekende concentratie van kennis en macht, vrij van democratische controle en buiten onze individuele controle. Het toezicht op het kapitalisme is gebaseerd op historisch onvoorstelbare kennisasymmetrieën.

---

[18] Interview met het weekblad "Der Freitag" van 02.04.2019; https://www.freitag.de/autoren/the-guardian/tyrannei-die-sich-von-menschen-ernaehrt

Bewakingskapitalisten weten alles over ons. We weten heel weinig van wat zij doen of wat zij weten. Zij gebruiken hun kennisvoordeel om ons gedrag te beïnvloeden. Het is een heel nieuw soort kracht.[19]

Nadat de heffingen zijn geïnd, worden de verkregen gegevens verdeeld:

"Een deel van deze gegevens wordt gebruikt om producten en diensten te verbeteren, de rest wordt als een eigen gedragsoverschot verklaard, waaruit met behulp van geavanceerde productieprocessen, die [....] samengevat kunnen worden onder de term "machines of kunstmatige intelligentie",

---

[19] Interview met de Süddeutsche Zeitung van 07.11.2018; https://www.sueddeutsche.de/digital/shoshana-zuboff-ueberwachungskapitalismus-google-facebook-1.4198835

Op dit moment is het wat vaag, omdat niet altijd duidelijk is of het toezichtkapitalisme alleen het gebruik van wat men "nieuwe productiemiddelen"[21] noemt of ook het gebruik van verbeteringen beschrijft. De formulering moet op beide betrekking hebben.

De vraag of het niet een van de fundamentele kenmerken van de kapitalistische economie is dat nieuwe producten, diensten en innovaties worden gegenereerd uit overschotten aan productiemiddelen, wordt

---

[20] Zuboff, pagina 22

[21] Zuboff, pagina 121

opengelaten. Hetzelfde geldt voor de afweging of de identificatie van behoeften en eisen, die uiteindelijk niets anders is dan marktonderzoek met moderne middelen, niet de zakelijke basis hoeft te zijn van elke onderneming die niet kan opereren op de markt van een verkoper, onder overheidsbescherming of in een oligopolie of monopolie.

De scheiding veroorzaakt ook problemen, juist omdat Zubuff juist die gegevens ziet die niet nodig zijn voor de optimalisatie, namelijk het "gedragsoverschot", bijzonder kritisch:

> *"Er worden meer gedragsgegevens verstrekt dan nodig is om de service te verbeteren. Dit overschot biedt een nieuw productiemiddel dat voorspellingen doet op basis van het gedrag van de gebruiker. Deze producten worden verkocht aan zakelijke klanten op basis van nieuwe gedragsmatige termijncontracten. De herinvesteringscyclus van*

Maar is het niet zo dat de gegevens die gebruikt worden voor optimalisatie en voorspelling niet grotendeels identiek moeten zijn? En voor wie zijn de nieuwe producten? Alleen voor zakelijke klanten? Niet voor de klant zelf? En is de markt niet veel groter dan hier beschreven? Het lijkt een beetje op het onderscheid tussen goed nieuw kapitalisme ("optimalisatie van diensten") en slecht nieuw kapitalisme ("gebruik en generatie van gedragsoverschotten"), maar heeft deze differentiatie echt zin?

Deze vragen kunnen irrelevant zijn als men alleen een uitbuitingsmechanisme wil vertegenwoordigen dat buiten de kapitalistische norm om is gecreëerd, met als doel de macht, invloed en rijkdom van enkelen te vergaren, maar ze worden relevant wanneer men een

---

[22] Zuboff, pagina 121

algemene structuur van een nieuw kapitalisme zoekt, en dat is precies het doel van dit document: Het onopvallende zichtbaar in de schaduw en over het algemeen begrijpelijk maken.

gedragskapitalisme

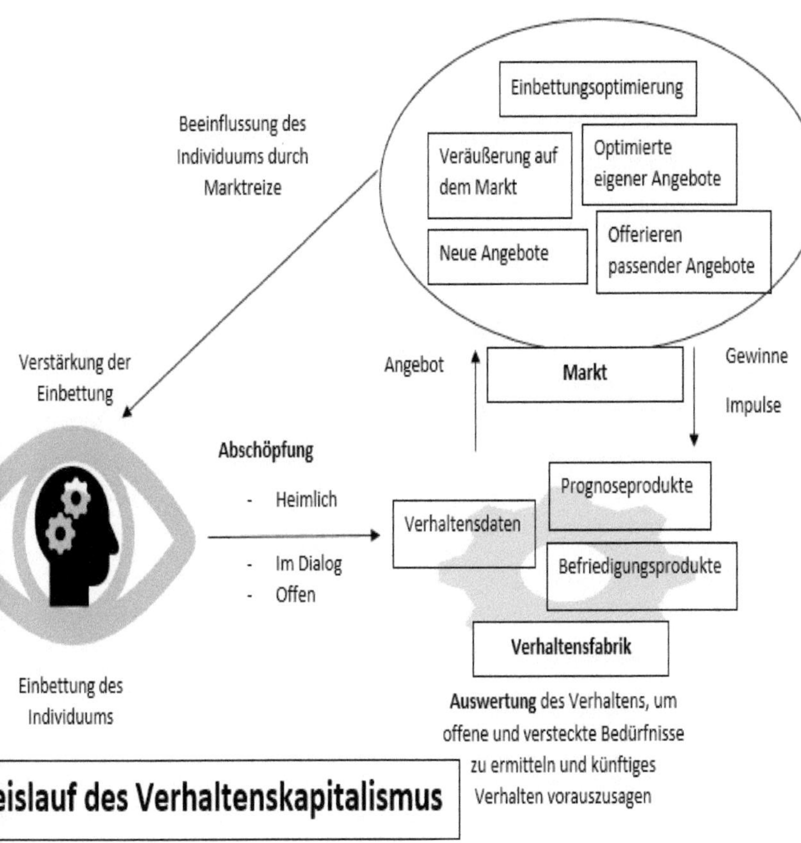

Absorptie van gedragsgegevens

> **Tegenwoordig is gedrag ook een centrale productiefactor voor het klassieke en financiële kapitalisme en vormt het een aanvulling op arbeid, land en kapitaal.**

Gedragskapitalisme is gebaseerd op het gedrag van grondstoffen en productiefactoren, dat ontstaat door de reactie van het individu op prikkels. Hij moet dit eerst winnen door het afromen. Dergelijke pogingen zijn er altijd al geweest, maar het was de technologische vooruitgang, gedreven door de verandering van tijden, die het mogelijk maakte om grote hoeveelheden automatisch te oogsten. Het skimmen heeft drie varianten waarvan de overgangen vloeibaar kunnen zijn:

- **Open skimming**

- **Dialoog met skimming**

- **Verborgen skimming**

Transformatie in de gedragsfabriek

De verkregen datavolumes worden nu opgeslagen in de gedragsfabriek, een metafoor die een gecompliceerd en gedecentraliseerd verwerkingsproces meer plastisch weergeeft, en in delen tot producten verwerkt. Er worden zowel voorspelde producten als tevredenheidsproducten geproduceerd.

> **Een <u>tevredenstellend product heeft tot doel</u> te voldoen aan de menselijke behoeften.**
>
> **Een <u>prognoseproduct</u> voorspelt toekomstig menselijk gedrag.**
>
> **<u>Gedragsgegevens</u> kunnen ook zonder verdere verwerking worden verhandeld.**

Prognoseproducten worden gebruikt om het toekomstige gedrag van een individu in te schatten. Een typisch voorbeeld is een gebruiker van een sociaal netwerk die geïnteresseerd is in wandelen, foto's presenteert en de deelname aan evenementen documenteert. Het algoritme kan deze gegevens nu lezen en aanvullen met andere informatie zoals leeftijd, woonplaats, merkneigingen, stijl, etc. Het algoritme kan ook de gegevens uit de gegevens lezen. Gekoppeld aan het lezen van de browsergeschiedenis, wat ook kan gebeuren als u niet meer ingelogd bent op het betreffende netwerk, wordt er een prognoseproduct gemaakt, met als resultaat dat bijvoorbeeld juist deze gebruiker in de zomer zeer waarschijnlijk weer op de betreffende ritten zal vertrekken. Het zou dan ook zinvol zijn om hem kort van tevoren te confronteren met passende diensten (bijv. reisaanbiedingen) of producten (bijv. wandelschoenen). Het voorspellende product opent de deur voor een gerichte aanpak.

Tevredenheidsproducten daarentegen zijn specifiek gericht op het voldoen aan vastgestelde behoeften. Niet in de toekomst, maar in het heden. Het is interessant om op te merken dat een tevredenheidsproduct zowel kan verwijzen naar een behoefte waarvan de gebruiker zich bewust is als naar een behoefte waarover hij nog niet heeft nagedacht, maar die voortvloeit uit de analyse van het gedrag. Het zijn dus juist de tevredenheidsproducten, maar ook de prognoseproducten, die de functie hebben om de innerlijke behoeften van het individu aan het licht te brengen en zo een belangrijk element van zelfverwezenlijking kunnen zijn.

Handel op de markt

Zowel prognose- en tevredenheidsproducten als het gedrag zelf kunnen door de dataverzamelaar zelf worden gebruikt of verkocht. Dit levert enorme winsten op, die meestal opnieuw worden geïnvesteerd. Niet alleen in het vorige bedrijfsmodel, maar ook op andere gebieden die uitnodigen tot netwerken. Voor de markt ontstaan dus de volgende mogelijkheden:

- **Het aanbieden van passende aanbiedingen**

  De gegevens worden gebruikt om een passend aanbod te doen aan de individuele persoon. Dit kan bestaan uit eigen diensten en producten, maar deze zijn meestal gecombineerd met de advertentie voor derden. De kern van het businessmodel is hier vandaag de dag nog steeds te zien.

  In totaal wordt geschat dat 25% van de wereldwijde reclame-inkomsten nu wordt gegenereerd door Facebook en Google, twee van de beste voorbeelden van toegepast gedragskapitalisme. In 2016 was het nog steeds 20%. Neiging stijgt.

- **Nieuwe aanbiedingen**

  Het gedrag maakt het noodzakelijk om geheel nieuwe producten te ontwerpen om te voldoen aan de behoeften die op basis van deze producten zijn geïdentificeerd. Het idee om uit de marktobservatie de noodzakelijke innovaties en verdere ontwikkelingen af te leiden is even oud als de economische activiteit zelf, maar dankzij de nieuwe mogelijkheden om een grondstof die voorheen moeilijk te winnen was, af te voeren, heeft het een geheel nieuwe dimensie gekregen.

• **Optimalisatie van eigen aanbiedingen**

Het eigen aanbod wordt verbeterd en aangepast door gedragsproducten en passende feedback. Dit geldt zowel voor de verzamelaars van de gegevens als voor hun klanten. Met name de leermachine vertrouwt op deze reacties om zijn functies voortdurend te verbeteren.

- **Verkoop op de markt**

  De datavolumes worden onbewerkt of al
  aan derden ter beschikking gesteld als verwerking van producten voor hun eigen bedrijfsactiviteiten.

- **inbedding optimalisatie**

  Het collectief individualisme kent de inbedding van de mens in de schepping van een individuele werkelijkheid. Gedragskapitalisme
  draagt hiertoe bij door een continue cyclus van
  gedragsmatig skimming.

Prozess der Einbettung

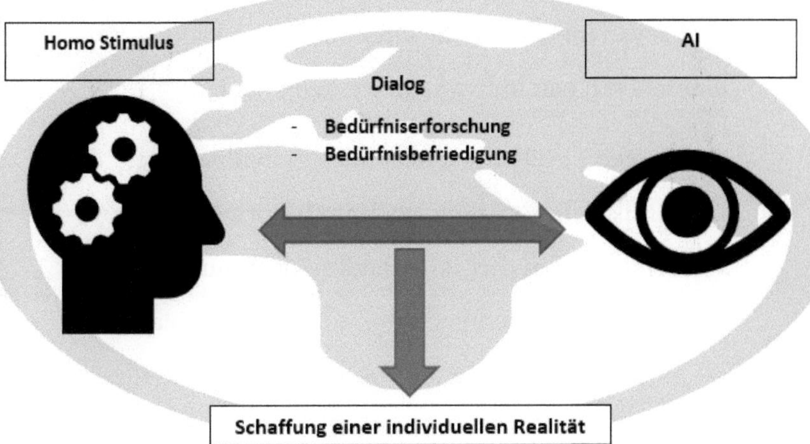

Stimuleren van het individu om te reageren

In het ideale geval reageert het individu op de aangeboden prikkels en creëert zo nieuw gedrag, dat op zijn beurt kan worden afgeroomd. Het resultaat is een cyclus van inbedding, die uiteindelijk kan leiden tot het creëren van een individuele werkelijkheid.

In een volledig collectief individualisme, dat natuurlijk een constante technische ontwikkeling veronderstelt, zou het afgeslankte deel nu beetje bij beetje in een geïndividualiseerde realiteit verzinken. Dit is echter nog steeds onvolledig vanwege de aanwezigheid van milieugevechten. Tegelijkertijd stapelen het grondstoffengedrag en het investeringskapitaal zich op, wat de mogelijkheden van de fabriek en het afromen verder verbetert. Een cyclus ontwikkelt zich. Het spel, aangedreven door de machine, begint bij het begin. Zo zorgt het enerzijds voor de inbedding van de mens, maar tegelijkertijd zorgt het er ook voor dat de sociale omgeving verder uit elkaar drijft.

3. inachtneming

Gedragskapitalisme is een variant van het kapitalisme die, net als het financiële kapitalisme, moeilijk te herkennen is in zijn effecten en daarom slechts een ondergeschikte rol speelt in de publieke perceptie en op de politieke agenda. Hij gebruikt dit slim om zich te verspreiden en te consolideren, wat in het kapitalisme vaak wordt gekenmerkt door de opkomst van monopolies of oligopolies. Dit wordt op indrukwekkende wijze aangetoond door de werkelijke situatie van de technologiegroepen en hun marktmacht.

Het gedrag van het kapitalisme is dus stevig verankerd, maar zonder dat het als zodanig wordt gezien. De modernste technologie maakt een nooit eerder geziene inbedding mogelijk die tot in de meest intieme delen van het individu kan doordringen. Een ontwikkeling die nader onderzoek vereist en niet in de schaduw mag blijven staan, want een ontketend gedragskapitalisme zou een nog sterkere kracht zijn dan het financiële kapitalisme ooit was. Hij zou een middel tot overheersing zijn.

De laatste twee paragrafen hadden op een vergelijkbare, zo niet identieke, manier geschreven kunnen worden over het concept van het toezichtkapitalisme, maar het verschil onder de oppervlakte is onmiskenbaar, want terwijl het toezichtkapitalisme de ontwikkeling ziet als iets abnormaals, door de mens gemaakt en uiteindelijk - eenzijdig - kwaad dat zelfs het ergste voortbrengt, is de weergave van het gedragskapitalisme bewust neutraal, omdat het een normale ontwikkeling van het kapitalisme is, en zowel mogelijkheden als risico's biedt. Zuboff's werk presenteert de uitdagingen op een uitstekende en zorgvuldige manier; misschien overtuigender dan ooit tevoren. Niet de kansen. Deze worden zelfs ontkend.

De stapsgewijze inbedding van het individu in zijn eigen wereld is tegelijkertijd een mogelijkheid om niet alleen in de behoeften te voorzien, maar ook om ze te identificeren. Dit proces kan echter niet los worden gezien van het kapitalistische proces, zoals Zuboff suggereert. Hij heeft de innovaties en optimalisaties nodig.

Het gaat ook voorbij aan een belangrijk detail: de bevolking van een land is verdeeld in milieus, die ook steeds sneller vergaan en waarvan sommige een totaal verschillende visie, waarden of levensstijl hebben. Een aanzienlijk deel van deze milieus zou altijd bereid zijn om elementen zoals democratie of vrijheden die niet worden gezien, uit te wisselen voor een inbedding die aan hun behoeften voldoet.

Dit besef kan beangstigend zijn en toch beschrijft het de feiten. Als Zuboff dus van *"zand in het wiel"* is[23], de *"onwil van burgers en journalisten [....] de wetenschappers [....] de gekozen vertegenwoordigers van het volk en de politieke besluitvormers [...] en de jongeren [...]", dan de "onwil van het volk en*

---

[23]Zuboff, pagina 593.

de journalisten [...] de wetenschappers [...] de politici [...] en de jongeren [...]". Als we het hebben[24]over een algemeen gevoel van *"verontwaardiging"*[25]dat zich zou moeten ontwikkelen, moet worden opgemerkt dat dit slechts in het belang van een deel van de bevolking zal zijn.

Maar dat is slechts een probleem zolang de ontwikkeling wordt gezien als een geïsoleerd monster dat met een geweer en zweep zou worden gecontroleerd. In feite is het gedragskapitalisme niet alleen in historische continuïteit, maar is het zelf slechts een deel van een overgang naar een tijdperk van collectief individualisme dat, samen met de milieustrijd en de verschuiving van de mondiale machtsverhoudingen, de toekomst zal bepalen.

---

[24] Zuboff, pagina 596

[25] Zuboff, pagina 595.

Het idee dat deze grote krachten van verandering kunnen worden tegengegaan met enkele beperkingen in de zakelijke activiteiten van westerse technologiebedrijven lijkt interessant, maar het is niet erg doelgericht, want zou dat niet betekenen dat het veld uiteindelijk wordt overgelaten aan Baidu, Tencent, Alibaba & Co, vaak gesteund door het gezag van de Chinese staat? Dit is een belangrijke kwestie die moet worden besproken:

De duistere kanten van het gedragskapitalisme zijn een gigantisch probleem, maar laten we de markt niet veel gevaarlijker achter als we de westerse bedrijven verzwakken terwijl we de oosterse bedrijven niet kunnen beïnvloeden? Het vereist daarom een alomvattend oplossingsconcept, zoals we dat vinden in het model van alternatieve hegemonie (AH-model), wat hier geen probleem zou moeten zijn.

Naar het einde

Dit schrijven is eindelijk afgehandeld:

1) Twee fundamentele interpretaties van de
ontwikkeling van het kapitalisme vergelijken

2) Bijdragen aan de beschrijving van dit nieuwe
fenomeen en het een bemiddelende structuur
geven.

3) Het creëren van een basis voor discussie over
de kansen en risico's van kapitalistische
ontwikkeling.

Shoshana Zubuff is erin geslaagd om de negatieve aspecten van het gedragskapitalisme op een uitstekende manier te presenteren. Een echte pionier. Een systematische weergave van een nieuwe variëteit van het kapitalisme was waarschijnlijk nooit zijn eigen doel, maar slechts een middel om de waarschuwing voor de gevaren van een nieuw tijdperk van collectief individualisme uit te drukken.

Het model van gedragskapitalisme biedt een systematische beschrijving en classificatie die als brede basis voor discussie kan dienen.

verwijzingen

Zuboff, Shoshana, The Age of Surveillance Capitalism. Campus Uitgeverij 4 oktober 2018; 4 oktober 2018; 4 oktober 2018

Herteux, Andreas, Gedragskapitalisme - Een nieuwe variëteit van het kapitalisme wint macht en invloed, DOI 10.13140/RG.2.2.18058.62402, augustus 2019.

Herteux Andreas, Concept van de verandering der tijden

Herteux Andreas, De Reiz-vereniging Herteux Andreas, De Reiz-vereniging

Interview in "Friday" vanaf 02.04.2019; https://www.freitag.de/autoren/the-guardian/tyrannei-die-sich-von-menschen-ernaehrt

Interview met de Süddeutsche Zeitung van 07.11.2018; https://www.sueddeutsche.de/digital/shoshana-zuboff-ueberwachungskapitalismus-google-facebook-1.4198835

Vragen en antwoorden

Het model van gedragskapitalisme is tot nu toe positief ontvangen en niet in twijfel getrokken als een vorm van representatie en beschrijving.

Vragen en discussies kwamen vooral voort uit het feit dat het niet normatief is, maar slechts beschrijvend.[26]

Zij wil mechanismen voorstellen en wijzen op uitdagingen en kansen. Terwijl de eerste twee elementen als welwillend en ondersteunend werden beschouwd, waren er stemmen die het kapitalisme ontkenden dat het gedrag positieve aspecten had die verder gingen dan de winst van de desbetreffende aanbieder. Dit

---

[26] De beschrijvende presentatie was echter precies het doel: een nieuw fenomeen, dat vaak achteloos wordt genegeerd, onder ogen zien en objectief in zijn mechanismen presenteren, om een discussie mogelijk te maken die niet één kant van de zaak in het algemeen uitsluit.

punt speelt daarom een belangrijke rol in de aanvullende vragen:

Gedrag van het kapitalisme heeft alleen maar negatieve kanten en is het een product van kapitalistische uitbuiting?

Gedrag in het kapitalisme brengt grote gevaren met zich mee. Daaronder vallen ongetwijfeld ook de mogelijkheden van manipulatie en controle. Deze worden nog steeds enorm versterkt door de conditionering van de mens op kleine en snelle stimuli sinds de 2de Wereldoorlog, waarom we vandaag spreken van een homo stimulus.[27]

---

[27] In dit verband wordt verwezen naar de "Theorie van de prikkelbare samenleving". Het is een ontwikkeling die stap voor stap is geconditioneerd door kapitalisme, sociale verandering en politiek, zonder dat men daarnaar streefde. De homo stimulus, de mens geconditioneerd tot korte en snelle prikkels, is uiteindelijk het eindproduct.
Deze snellere stimulansreactie is in alle milieus terug te vinden, aangezien zij in de loop der decennia zowel in de arbeids- als in de privé-sfeer tot stand is gekomen en steeds

Democratie en vrijheid staan dus ook op het spel. Deze gevaren moeten duidelijk worden geïdentificeerd, besproken en bestreden.

Toch zijn er ook positieve kanten[28]. Deze zijn te zien op het gebied van de erkenning van behoeften en hun tevredenheid, omdat door de methoden van gedragskapitalisme zowel bekende als tot nu toe verborgen behoeften van het individu kunnen worden geïdentificeerd en bevredigd.

Laten we een voorbeeld nemen. Een gebruiker is tot nu toe gevormd door een directe dorpsomgeving

---

meer en meer is toegenomen. Als men tot het uiterste wil wijzen, is een eenvoudige metrorit aan te bevelen en moet men gewoon aandacht besteden aan de invloed die smartphones, bijvoorbeeld, hebben op het leven van veel mensen en terugdenken aan hoe het 10 jaar geleden was. Met zo'n observatie is het waarschijnlijk gemakkelijker om de homo stimulans te begrijpen dan met alle grijze theorieën.

[28] Het standaardargument van de technologiebedrijven dat elke gebruiker wordt beloond met diensten voor het aftappen van het gedrag of de gegevens, mag hier niet verder worden uitgediept. Het argument kan zeker controversieel worden besproken.

en is daar nooit verder gekomen. Hij is daar niet echt tevreden mee, maar uiteindelijk kent zijn stempel alleen deze kleine wereld. Door het gebruik van het internet betreedt hij nu de wereld van de sociale media. Hier linkt hij naar een paar mensen die al lang geleden uit het dorp zijn verhuisd en bekijkt hij hun vakantiefoto's op een mooie dag. Hij houdt van de plaatsen en onderzoekt meer over een zoekmachine. Plotseling bieden het sociale medium en de zoekmachine hem steeds meer nieuws en advertenties die zich richten op het onderwerp reizen. Het onderwerp wordt steeds interessanter en hoe meer hij er naar zoekt, hoe meer hij ingebed raakt. Inmiddels heeft hij vele bestemmingen en aanbiedingen bekeken, reisgidsen besteld en is actief in een forum. Hij opereert nu in een eigen wereld, waarin een nieuw verlangen centraal staat, dat gevoed wordt door de leermachine. Hij beseft dat zijn eerdere ontevredenheid ook te wijten is aan het feit dat hij uit zijn vertrouwde omgeving wilde breken en de wereld wilde zien. Tot nu toe heeft hij echter nog geen inspiratie gehad. Dit wordt nu uitgewerkt door het ge-dragskapitalistische proces, wat hem natuurlijk meteen een bijbehorend aanbod van tevredenheid oplevert. In het komende jaar gaat de gebruiker op reis om de wereld.

Was hij gemanipuleerd in dit voorbeeld? Of was het gewoon een wens die eerder was begraven omdat de eigen omgeving deze niet samen met de gebruiker kon ontwikkelen? En is het echt negatief als dit gebeurt? Zoals we kunnen zien, moeten we dus echt heel pre-cies onderscheid maken.

De positieve kanten die worden beschreven zijn uiteindelijk alleen maar de verleiding om te con-sumeren, toch?

Laten we ons beperken tot de concrete zaak van de komende vakantieganger. Het is waar dat hij ook me-nig gedragskapitalist er baat bij zal hebben. Ja, is

consumptie wat hij wil? Of liever een vorm van zelfontplooiing?

Is het niet precies het eigenlijke succesmodel van
de grote gedragskapitalisten dat ze zich aanpassen aan
individuele verlangens en een onvoorstelbare bijdrage
leveren aan de persoonlijke zelfverwezenlijking? Een
eenvoudige arbeider heeft nu de kans om gehoord te
worden in het sociale medium. Om jezelf te laten zien.
Om te leven vanuit je eigen belang. Misschien zelfs een
ster zijn. Wanneer was dat ooit mogelijk? Wat is echt?

Gaat het ook niet om ontwikkelingsmogelijkhe-
den? Uiteindelijk creëert het gedragskapitalisme een
geïndividualiseerde wereld volgens de behoeften van
de betreffende gebruiker en dit heeft niets te maken
met materiële consumptie.

Degenen die echt het debat over dit eenvoudige
verklarende model van de verleidelijke consument willen aangaan, hebben de menselijke behoeften en dus
de mens niet begrepen.

Daarnaast is een totaalbeeld onontbeerlijk, omdat gedragskapitalisme niet op zichzelf staat. Natuurlijk behoort hij, net als de stimulansmaatschappij en de homo-stimulans die zij vormt, tot de komende tijd van het collectief individualisme, dat uiteindelijk alleen maar wordt afgeremd door de strijd om het milieu. En dit nieuwe tijdperk is onvermijdelijk als we de technologische ontwikkeling niet willen weigeren. Maar we kunnen beslissen hoe we ze willen ontwerpen.

Geen denkend mens zou vrijheid en democratie ruilen voor behoefte aan erkenning en voldoening?

De vraag impliceert dat mensen een homogene massa vertegenwoordigen die allemaal dezelfde houding en levenswijze delen. Maar in feite vallen wereldwijde samenlevingen uiteen in een groot aantal milieus, waarvan sommige totaal verschillende waarden hebben. Deze versnippering van het milieu is nog niet volledig en zal zich voortzetten.

Dit betekent echter ook dat een deel van deze realiteiten geen enkel probleem zou hebben met bijvoorbeeld het uitwisselen van de eigen democratische medezeggenschap voor een gegarandeerde bevrediging van de behoeften. Hoe geschokt sommige leden van het ene of andere milieu ook mogen kijken naar deze verklaring, het verandert niets aan de waarheidsgetrouwheid ervan.

Er zijn dus ook profiteurs van het systeem en die zijn niet alleen te vinden onder de gedragskapitalisten, maar vooral ook onder degenen voor wie wat in gevaar lijkt te zijn veel minder of helemaal niets waard is dan voor anderen.

Hoe kun je dit bestrijden als sommigen alle macht in handen hebben en de helft van de anderen omgekocht zijn?

Door nieuwe ideeën en impulsen zoals het model van alternatieve hegemonie (AH-model). Hierbij wordt een marktdeelnemer gecreëerd die onder democratische controle staat en die het kapitalisme van binnenuit verandert of corrigeert. Door middel van democratisch gecontroleerde marktmacht. Dit maakt waarden tot een productiefactor en dus een tegengewicht voor de invloed van particuliere bedrijven en de macht van de staat. Hij leidt ook geen mensen op, maar bedrijven en overheidsinstellingen.

Om bijvoorbeeld een licentie te verkrijgen voor een technologie waarvan de rechten in het bezit zijn van het AH-fonds, bevat het gebruikscontract voor de betrokken onderneming de verplichting om

- eerlijke lonen

- adequate werkomstandigheden

- Naleving van de milieuregelgeving

- en dat wereldwijd

- transparantieverplichtingen

Het bedrijf zal niet gedwongen worden om deze voorwaarden te accepteren. Maar als het maximale winst wil genereren, zal het dat doen. Of de concurrentie aan te gaan. Het zal hem waarschijnlijk verliezen. Zo worden waarden een productiefactor en krijgt het kapitalisme een nieuwe richting.

Op de lange termijn maakt het AH-fonds ook winst, die terug kan vloeien naar de landen, bijvoorbeeld om de sociale fondsen te ondersteunen.

Uiteraard kan het model hier niet in zijn volle breedte worden gepresenteerd, dus raadpleeg aparte publicaties.

Das Modell der Alternativen Hegemonie (AH-Modell)

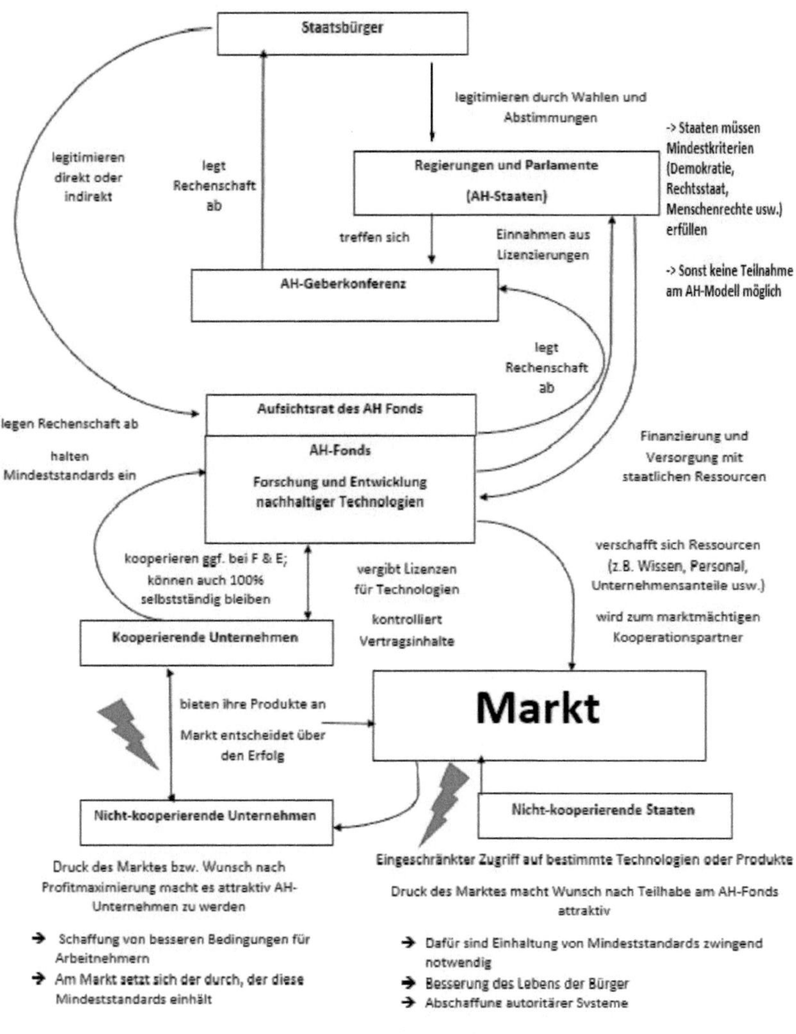

Het model van alternatieve hegemonie (AH-mo-del) klinkt op papier heel goed, maar hoe wil je de gedragskapitalisten, die toch oligopolisten zijn, tot deelname dwingen?

We bevinden ons in een tijdsverandering die op deze manier kan worden gedefinieerd:

De term "tijdsverandering" wordt opgevat als een periode waarin de afzonderlijke elementen elkaar dynamisch beïnvloeden op een zodanige wijze dat ze een nieuwe ordening van de vorige (mondiale) machtsverhoudingen tot stand kunnen brengen. "

Deze elementen zijn:

- Technologische vooruitgang

- De opkomst van nieuwe concurrenten op de wereldmarkten

- Zwakte van de dominante elementen tot nu toe

* milieuverandering

* Ontbrekende perspectieven van een deel van de mensheid

De druk is er dus al en zal steeds sterker worden en de kapitalisten, die voor u een beetje een homogene troep lijken, bestaan helemaal niet. Integendeel, er zullen grote botsingen ontstaan tussen het westerse en het gecontroleerde kapitalisme, waar de laatste op dit moment de betere kaarten lijkt te hebben.

Dus iedereen die aan Google, Facebook en Co. denkt als het gaat om gedragskapitalisme kent nog niet de marktmacht van Tencent, Baidu of Alibaba, die op sommige gebieden (bijvoorbeeld betaalsystemen) veel verder zijn. Apps zoals Tictoc of Zao zijn Chinees en hun groei is gigantisch. Het westerse product zou niet noodzakelijkerwijs de vergelijking tussen WhatsApp en WeChat winnen. Hetzelfde geldt op het niveau van de staat, waar de Chinese expansie onmiskenbaar is. Het Westen zal dus steeds meer onder druk komen te staan en zal alternatieven moeten overwegen. Dit zou op zijn beurt een kans zijn voor een model als dat van alternatieve hegemonie.

Over de uitgever

Erich von Werner Society

Birkenfelder weg 3

97842 Karbach

Hompage:

https://www.understandandchange.com

E-mail:

erichvonwernersociety@understandand-
change.com

Facebook:

https://www.facebook.com/Erich-von-Werner-
Society-Understand-and-change-35325187190061 5

Twitter:

https://twitter.com/von_society

Over de uitgeverij

Erich von Werner Verlag

Birkenfelder weg 3

97842 Karbach

<u>**Hompage:**</u>

https://www.erichvonwernerverlag.de/

<u>**E-mail:**</u>

Info@erichvonwernerverlag.de

Facebook:

https://de-de.facebook.com/erichvonwernerver-lag

Over de auteur

Andreas Herteux

<u>Hompage:</u>

https://www.andreasherteux.com/

Facebook:

https://www.facebook.com/AndreasHerteux

Twitter:

https://twitter.com/aherteuxautor